7d Juin 1896

Succession de M. le Prince DE CHALAIS

TAPISSERIES ANCIENNES

Des XVᵉ, XVIᵉ et XVIIᵉ siècles

QUI GARNISSAIENT

LE CHATEAU DE CHALAIS

EXPOSITION : HOTEL DROUOT

SALLES Nᵒˢ 1, 5 ET 6

Le Mardi 9 Juin 1896

COMMISSAIRE-PRISEUR

Mᵉ TROUILLET

Rue Sainte-Anne, 65

EXPERT

M. B. LASQUIN

Rue Laffitte, 12

Paris - 1896

IMPRIMERIE MAULDE et RENOU

MAULDE, DOUMENC & Cie

IMPRIMEURS DE LA COMPAGNIE DES COMMISSAIRES-PRISEURS

Rue de Rivoli, 144. — Paris

CATALOGUE

DE

50 TAPISSERIES ANCIENNES

Et Fragments

DES XVᵉ, XVIᵉ ET XVIIᵉ SIÈCLES

TAPISSERIES GOTHIQUES, DE TRAVAIL FRANÇAIS

Ayant figuré à l'Exposition rétrospective du Trocadéro, en 1889

TRÈS BELLES TAPISSERIES DE BRUXELLES

De l'époque de la Renaissance et de Louis XIII, à sujets mythologiques

TAPISSERIES D'AUBUSSON ET AUTRES

LE TOUT PROVENANT DU

CHATEAU DE CHALAIS

ET DONT LA VENTE AURA LIEU

Par suite du décès de M. le Prince DE CHALAIS

Et en vertu d'un jugement du Tribunal civil de la Seine

HOTEL DROUOT, SALLE Nº 1

Le Mercredi 10 Juin 1896, à 2 heures 1/2

Mᵉ TROUILLET	M. B. LASQUIN
COMMISSAIRE-PRISEUR	EXPERT
63, rue Sainte-Anne, 63	12, rue Laffitte, 12

EXPOSITION PUBLIQUE

SALLES Nᵒˢ 1, 5 ET 6

Le Mardi 9 Juin 1896, de 1 heure 1/2 à 6 heures

PARIS - 1896

CONDITIONS DE LA VENTE

—

Elle se fera au comptant.

Les Acquéreurs paieront CINQ POUR CENT en sus des adjudications.

MAULDE, DOUMENC et Cie, imprimeurs de la Cie des Commissaires-Priseurs,
rue de Rivoli, 144.   800—58912

DESIGNATION

I — Tapisserie du xve siècle, de travail français.

Le Parc aux Cerfs.

Enceinte de palissade, dont la porte est gardée par un dragon. Sur chacune des colonnes qui l'encadrent, un lion portant un pennon « écartelé d'argent et de gueules ».

Dans l'enceinte une fontaine et des cerfs.

A gauche, dans le bas : un ouvrier aiguisant des piquets et des enfants nus jouant avec des canards; dans le haut : deux bergers dont un tient une cornemuse, et une femme.

> « *Avant avaul que nul ne rousse*
> *Faitte voir à la cornemuse.* »

A droite, dans le bas : Femme attisant du feu et un enfant nu avec un lapin.

Dans le haut : Berger avec Bergère.

Aller à Gaultier car ce mestier n'ad plus convenance.

Fond de terrain et d'arbres.

H. 3^m20. L. 3^m85.

2 — Tapisserie du xve siècle, de travail français.

> Même sujet que la précédente, avec cette différence que dans le bas à gauche, un homme donne une pomme à un enfant.

> *Mon ami tenez ce pumelet*
> *Metelle en vous....*

> Et que dans le bas, à droite, une femme donne des fleurs à un enfant.

> *Ma mie tenez ce botllet*
> *Donne le à votre ami Mrquet.*

> H. 3^m20. L. 3^m90.

> Exposition de l'Art Français au Trocadéro, en 1889. N° 684.

3 — Fragment de Tapisserie du xve siècle, de travail français, de la même suite que la précédente.

> Dans une enceinte de palissades avec riche portique, un lion, un cerf et un hippogriffe : autour de l'enceinte, des paysans gardant des moutons, un arbre chargé de fruits sur lequel sont perchés des oiseaux.
> Au premier plan, à la porte de l'enclos, un animal enchaîné qu'une femme vient combattre.

> H. 3^m15. L. 2^m13.

4 — Fragment de Tapisserie de la même suite.

> Enclos renfermant divers animaux et un coq.
> Autour de l'enclos, deux bergers dont l'un porte un agneau sur ses épaules.

> H. 2^m00. L. 1^m68.

5 — Tapisserie du xve siècle, travail français.

> *Le Berger.*

> Berger debout au milieu de son troupeau, montrant du doigt une banderolle qui porte cette inscription :

Intelligar quantum sit ingressus naturae febilis, progressus debilis, regressus horribilis.

Dans le haut, une autre inscription : « Vous qui regardez ceste chasse, ung exemple vous apprendra c'est..... que Mort vous chasse. Mais nul ne scet quand vous prendra. » A l'extrême droite, un second berger jouant de la cornemuse. Fond de terrain, de plantes et d'arbres.

H. 3^m20. L. 4^m85.

A figuré à l'Exposition rétrospective de l'Art Français au Trocadéro, en 1889. N° 683 du Catalogue.

6 — Tapisserie du xve siècle, travail français.

Les Bûcherons.

A gauche, le maître accompagné d'un ouvrier appuyé sur une hache. Au second plan, deux ouvriers sciant un arbre qu'un autre ébranche. Au milieu, des ouvriers chargent des bûches sur une charrette. A droite, un ouvrier lie des fagots, et deux femmes.

Fond d'arbres, un moulin à eau et une ville.

H. 3^m45. L. 5^m70.

Exposition de l'Art Français au Trocadéro, en 1889. N° 685.

7 — Panneau en tapisserie de la même suite que la précédente.

A droite, un bûcheron lie un fagot pendant qu'un autre souhaite la bienvenue à une demoiselle qui cueille des fleurs, plus haut un troisième bûcheron courtise une jeune femme.

H. 3^m40 L. 3^m20.

8 — Panneau en tapisserie de la même suite.

Quatre chasseurs dont l'un sonne du cor, et un bûcheron occupé à couper des arbres dans un bois.

H. 3^m15. L. 3^m50.

9 — Petit Fragment de même tapisserie représentant un animal dans un bois.

Suite de trois très belles Tapisseries de Bruxelles, de la première moitié du xvie siècle.

10 — 1" *Le Triomphe de la Prudence.*

Un nombreux cortége de cavaliers et d'hommes d'armes en riches costumes au milieu desquels *Titus* accompagne le char de la *Prudence* traîné par deux dragons fantastiques, conduits par un Héraut portant un étendard. Un personnage, *David*, précède le cortège. Près du char, marche *Cassandra.*

Au premier plan, *Gédéon* et *Abigael* sont agenouillés.

A gauche, près d'une fontaine, *Gadmus* combat une hydre.

Au second plan, à droite, *Assuérus* sur un trône; *Persée*, vainqueur de *Méduse*, et *Pégase.*

A gauche, *Prometheus* et une partie du Zodiaque.

Cette riche composition est entourée d'une bordure de fruits, raisins, grenades, fleurs et feuillages; dans le haut, sur un listel à fond rouge se lit une inscription.

Au bas, la marque B B avec un écusson et un monogramme.

H. 4^m45. L. 5^m70.

11 — 2° *Le Triomphe de la Charité.*

Le char portant la figure allégorique de la Charité est suivi par des cavaliers au nombre desquels on remarque *Brutus*, il est précédé d'un personnage, *Godefrid* et accompagné de *David* et d'une femme, *Pietas.*

Au premier plan, à droite, *Tiberius* et *Placella* agenouillés et une autre femme, *Thobias.* A gauche, Madeleine lavant les pieds de Jésus.

En haut, à gauche, le Sacrifice d'Abraham.

H. 4^m35. L. 5^m55.

12 — 3° *Le Triomphe du Courage.*

> Sur un char traîné par deux lions, accompagné de
> *David*, d'hommes d'armes et de différents personnages.
> A droite, Judith tuant *Holopherne.*
> A gauche, *Mutius Scevola.*
> En haut, à gauche, Judith tranchant la tête d'Holo-
> pherne et la défense d'une ville : *Alexander;* à droite, la
> construction d'une citadelle : *Neemitas.*
>
> H. 4^m50. L. 5^m65.

13 — Fragment d'une Tapisserie de la même suite que
la précédente, offrant, à gauche, le Triomphe de la
Foi, surmonté de la figure du Père Eternel dans sa
gloire; à droite, les figures de Charlemagne, Roland
et Olivier à Roncevaux, ainsi que d'autres figures et
la statuette de la Foi sur une colonne.

> H. 2^m10. L. 3^m25.

Suite de neuf belles Tapisseries de Bruxelles, du
xviie siècle, de la fabrique de *Marcus de Vos,*
dont elles portent la marque. Elles représentent
divers sujets tirés de l'Histoire de Cérès et de
Proserpine, avec jolies bordures formées par
des groupes de fruits et des fleurs s'échappant
de deux cornes d'abondance placées à la partie
supérieure.

14 — 1° *Cérès présidant aux travaux de la Terre.*

> Au premier plan, un homme présente à Cérès, assise,
> une grande corbeille de fruits; un autre, à droite,
> charge des récoltes sur un chameau.
> Le deuxième plan est occupé par un riche palais avec
> parterre et tonnelles, où des femmes cultivent et arrosent
> des fleurs.
> Au fond, à gauche, dans le paysage, des chasseurs et
> des pécheurs.
>
> H. 3^m35. L. 5^m65.

15 — 2° *Cérès accompagnée d'un enfant retient un dragon par un lien.*

> Au deuxième plan à gauche sont représentés divers travaux d'Hercule.
> A droite un homme semant du grain, un monarque et sa cour près d'une tente où un festin est préparé.
>
> H. 3^m40. L. 4^m14.

16 — 3° *Cérès debout tenant une corne d'abondance.*

> A droite un lion couché au pied d'un arbre après lequel grimpe un chat tigre.
> Au second plan des cavaliers chassent des animaux féroces.
>
> H. 3^m35. L. 4^m35.

17 — 4° *Proserpine cueillant des grenades, à ses pieds un lion ailé.*

> Au deuxième plan, un palais en flammes, un satyre, un centaure et l'hydre à trois têtes.
>
> H. 3^m35. L. 3^m35.

18 — 5° A gauche, deux femmes dont l'une verse de l'eau sur un dragon pendant que l'autre se sauve effrayée.

A droite, deux hommes labourent la terre à l'aide d'une pioche et d'une bêche, d'autres extraient des pierres d'une carrière. plus loin deux éléphants trainent une herse dans un champ.

> H. 3^m35. L. 3^m65.

19 — 6° *Cérès approche d'un arbre une torche allumée.*

> A gauche des hommes transportent des ballots, plus loin des bateliers sur une rivière et un port près d'une ville.
>
> H. 3^m35. L. 3^m.

20 — 7" *Cérès retrouvant Proserpine.*

> Au deuxième plan une bacchanale et le triomphe de Bacchus.
>
> Au bas de cette tapisserie se trouve le nom de *Marcus de Vos.*
>
> H. 3"35. L. 3"93.

21 — 8" *L'Enlèvement de Proserpine par Pluton.*

> A droite sur la mer, des naïades, des sirènes, des tritons autour du char, au large plusieurs galères.
>
> H. 3"35. L. 5".

22 — 9° Un Port où des personnages viennent embarquer des fûts et des ballots de marchandises.

> H. 3"35. L. 2"65.

23 — Fragment de tapisserie de Bruxelles, du XVII" siècle, représentant un monarque commandant l'assaut d'une forteresse.

> A droite deux navires.
>
> Partie de bordure en haut et du coté gauche, à trophées, figures d'amours fleurs et fruits.
>
> H. 2"28 L. 2"55.

Tenture en tapisserie de la fin du XVI" siècle, représentant un semis de fleurs très finement exécuté, sur lequel sont réservés des médaillons ronds à encadrements formés de cartouches, de mufles de lions et de fruits. Ceux-ci offrent des sujets de chasse, des vues de châteaux et des réunions de petites figures sous des tonnelles.

Bordures de fleurs et de fruits avec enroulements de rubans.

Cette tenture est composée de :

24 — Un grand Panneau à deux médaillons.

H. 2m10. L. 5m40.

25 — Un deuxième grand Panneau à deux médaillons.

H. 2m10. L. 5m32.

26 — Un petit Panneau à un médaillon.

H. 1m80. L. 2m55.

27 — Un petit Panneau à un médaillon.

H. 1m95. L. 2m75.

28 — Et de deux Fragments à un Médaillon.

H. 1m40. L. 1m72.
H. 1m40. L. 1m55.

Suite de treize tapisseries d'Aubusson au XVIIe siècle, représentant divers sujets et figures tirés de l'histoire de Psyché. Elles sont encadrées de bordures à larges rinceaux en camaïeu jaune sur fond bleu, offrant à la partie supérieure un écusson armorié soutenu par deux sirènes.

29 — 1° *L'Hymen de l'Amour et de Psyché*. Jupiter, Vénus, Junon, Apollon assistent au festin.

H. 3m17. L. 6m20.

30 — 2° *Le Sommeil de l'Amour et de Psyché*.

H. 3m80. L. 4m70.

31 — 3° *Psyché emportée sur le rocher en présence de son père et de ses quatre sœurs.*

H. 3^m35. L. 6^m20.

32 — 4° *Psyché implorant la clémence de Junon.*

H. 3^m90. L. 2^m90.

33 — 5° *Femme assise devant un miroir.*

H. 3^m. L. 2^m.

34 — 6° *Flore.*

Assise dans un palais, à ses pieds deux corbeilles de fleurs et fruits.

H. 3^m45. L. 2^m30.

35 — 7° *Psyché assise reçoit des présents :* Vases. Brûle-parfums, Couronnes, etc.

H. 3^m25. L. 3^m90.

36 — 8° *Un Festin.*

Psyché et deux personnages attablés, un serviteur prépare des boissons, une servante apporte des plats.

H. 3^m20. L. 3^m70.

37 — 9° *L'Amour déclare sa flamme à Psyché.*

H. 3^m25. L. 1^m40.

38 — 10° *Psyché, assise avec deux de ses compagnes, reçoit des présents et des couronnes.*

H. 3^m80. L. 3^m90.

39 — 11° *Le Sommeil de l'Amour.*

H. 3^m80. L 2^m95.

40 — 12° *Médée rapportant la Toison d'or.*

H. 3^m38. L. 2^m05.

41 — 13° Un Monarque tenant son sceptre.

H. 3ᵐ38. L. 1ᵐ62.

Suite de trois tapisseries de l'époque Louis XIII à sujets bibliques avec bordures à fleurs alternées par des cartouches.

42 — 1° *Moïse présentant les Tables de la Loi.*

H. 2ᵐ95. L. 4ᵐ70.

43 — 2° *Le Buisson ardent.*

H. 3ᵐ70 L. 2ᵐ92.

44 — 3° Fragment représentant des figures agenouillées.

H. 3ᵐ70. L. 2ᵐ 70.

45 — Panneau de tapisserie de l'époque Henri IV : Scène de l'histoire de Mardochée.

H. 2ᵐ20. L. 1ᵐ90.

46-47 — Deux Panneaux de tapisserie ancienne, l'un entouré d'une bordure à fleurs.

Ils représentent deux sujets tirés de l'histoire d'Esther et Assuérus.

H. 2ᵐ82 L. 1ᵐ82.
H. 2ᵐ25. L. 1ᵐ85.

48 — Deux Fragments de tapisserie gothique à sujets de figures.

H. 3ᵐ00. L. 2ᵐ50.
H. 2ᵐ38. L. 1ᵐ55.